AF316852

# Sommario

# SII LA *tua* MUSA *personale*

## ESERCIZI QUOTIDIANI PER SCOPRIRE LA VERA TE

## NINA MADSEN

*Special Art Development*

Sii la tua musa personale

Esercizi quotidiani per scoprire la vera te

Nina Madsen

Hardcover ISBN : 9791255531319

www.specialartbooks.com
support@specialartbooks.com

# Introduzione

Durante tutta la nostra vita ci viene detto chi e cosa dovremmo essere, tanto che la nostra vera natura tende a esserne soffocata. I genitori, i social media, la società ci dicono che dobbiamo avere una relazione per essere felici, essere circondati da altri per sentirci realizzati, cercare apprezzamento e approvazione da fonti esterne e seguire un percorso ben stabilito per trovare la nostra soddisfazione.

Questo libro non segue affatto questa linea di pensiero.

È mia convinzione che quasi tutto ciò di cui abbiamo bisogno nella vita—dallo sviluppo di abilità particolari alla crescita della propria saggezza e forza—abbia origine dentro di noi. È la nostra magia a renderci unici. E questo non è solo motivo di gioia, ma è anche rassicurante perché non c'è bisogno di cercare ciò che già abbiamo!

Ogni persona è straordinaria e la combinazione di creatività, impegno e auto-riflessione può portare alla luce questa semplice e innegabile verità: non c'è gioia più grande e non c'è dono migliore che tu possa offrire al mondo che quello di essere te stessa, unica, incredibile.

Nelle prossime pagine, imparerai la gioia di conoscere chi sei veramente. Scoprirai perché dovresti passare più tempo con te stessa e in che maniera. Vedrai che prenderti cura di te stessa ti fornirà la vitalità di cui hai bisogno per stare meglio anche con gli altri. Capirai che coltivare l'ammirazione per sé stessi è molto più importante che ricevere complimenti dagli altri. Imparerai a fare amicizia con te stessa, a rispettarti, a ringraziarti, a divertirti e, soprattutto, ad *amarti*. Lungo la strada, costruirai forza e autostima per gioire della bellezza di essere *te stessa*.

# Parte prima: Ama te stessa

# Capitolo uno

## Sii la tua musa personale

> **Io sono la mia musa. Sono il soggetto che conosco meglio. Il soggetto che voglio conoscere meglio.**
>
> —*Frida Kahlo*

Quando un artista dice di aver bisogno di una musa, significa che ha bisogno d'ispirazione, di qualcuno che alimenti il suo flusso creativo. A volte le muse sono persone, ma possono anche essere oggetti, luoghi o momenti. Le muse si presentano sotto innumerevoli forme: una conversazione, una vista mozzafiato, una splendida canzone, una bella poesia o anche un titolo sui notiziari. Queste cose stimolano la nostra vena creativa, ci permettono di esprimerci e ci fanno sentire *vivi*. Le muse sono state cantate, descritte, dipinte e desiderate.

E se la musa migliore fosse quella che hai dentro? Sì, proprio tu!

Le persone spesso minimizzano il proprio estro, dicendo cose come: "Non sono una persona creativa". Di conseguenza non danno libero sfogo a quel lato di sé, pensando che la creatività non faccia per loro! Niente di più sbagliato. Tutti abbiamo dentro di noi la capacità innata di creare a cui possiamo attingere se ci diamo una possibilità e se ci ispiriamo a noi stesse come a una musa!

Considera la tua vita, i tuoi ricordi, le persone che hai incontrato, i luoghi che hai visitato, le relazioni che hai sviluppato, le case in cui hai abitato e tutto ciò che hai realizzato. Tutto questo può servire come una meravigliosa fonte d'ispirazione. Indipendentemente dall'età e dall'esperienza, in te c'è una storia che aspetta di essere raccontata, non sempre con semplici parole. È ora di guardare alla tua vita e approfondire chi sei per scoprire come puoi usare i tuoi poteri per essere una fonte d'ispirazione per te e per gli altri.

## Chiediti

Se la tua vita fosse un dipinto, come sarebbe? Con quali colori, simboli e immagini?

......................................................................................

......................................................................................

Che tipo di forza potrebbe fornire agli altri?

......................................................................................

......................................................................................

Come influirebbe sul resto della tua vita?

........................................................................................

........................................................................................

Quali lezioni potrebbe insegnare a chi lo guarda?

........................................................................................

........................................................................................

Soprattutto, in che modo il tuo passato ha plasmato ciò che sei oggi?

........................................................................................

........................................................................................

## METTILO IN PRATICA

Rifletti su queste domande e cerca di imparare di più su di te.

Osserva te stessa e/o il tuo passato e scegli una parte di te che ti intriga di più ma che, allo stesso tempo, comprendi meno.

Potrebbe essere la tua curiosità generale nei confronti della vita, la tua abilità con i numeri, il tuo essere introversa, l'amore per il rock, quella volta che sei andata a fare paracadutismo anche se odi le altezze, quel cibo che detesti, il tuo desiderio di diventare una brava cuoca o il tuo profondo amore per la natura.

- Quando e dove è nato questo tuo aspetto?

.................................................................................

.................................................................................

- Perché?

.................................................................................

.................................................................................

- Chi era presente e dove ha avuto luogo?

.................................................................................

.................................................................................

- Com'è o come vuole essere espresso?

.................................................................................

.................................................................................

- In che modo è una tua parte complessa? Come sottolinea la tua unicità?

Pensaci. Mettilo nero su bianco.

Poi, trova un oggetto che ti ispiri. Puoi partecipare a una fiera dell'artigianato o viaggiare con la fantasia dando un'occhiata a siti web come Etsy, Minted, Jungalow, Uncommon Goods, Animi Causa o Viva Terra. Comunque tu scelga di trovare il tuo oggetto, prenditi il tempo per cercarlo. Una volta individuato, mettilo in un posto che consideri solo tuo e usalo per ricordare a te stessa i poteri della tua musa interiore.

## ESERCIZIO CREATIVO

Disegna un autoritratto che catturi non quello che vedi nello specchio, ma gli aspetti di te che trovi più affascinanti. Non c'è bisogno di essere un artista: disegnare è solo un modo per liberare la creatività!

Se preferisci fotografare, opta allora per un selfie.

Per farti un'idea su quanto innovativi si possa essere in questo esercizio, dai un'occhiata agli autoritratti delle seguenti artiste:

- Sarah Lucas
- Cindy Sherman
- Frida Kahlo
- Tamara de Lempicka
- Jarusha Brown

## Conclusioni

Le muse si manifestano in modo diverso, ma la più ispiratrice è quella che hai dentro di te. Ricorda sempre quanto sei meravigliosa. Scava a fondo per scoprire chi sei, perché sei così e cosa ti rende speciale. Inoltre, non devi essere una fotografa o una pittrice, una scrittrice o una ballerina per esprimere la tua autenticità. Semplicemente ascolta e, se lo vuoi, allontanati dal cammino battuto.

# Capitolo due

## Sii colei che ti ascolta

> *...nulla suona bene all'anima come la verità.*
> —*Martha Beck*

Noi donne spesso ci facciamo carico di molte cose e siamo il punto di riferimento di molti. Ascoltiamo i nostri compagni, fratelli, amici, bambini e colleghi. Offriamo empatia e consigli, così come il nostro tempo, pensieri ed energia.

Eppure, quante volte ci fermiamo ad ascoltarci? Tendiamo a non dedicare la giusta attenzione a noi stesse e a subirne le conseguenze non siamo che noi, non gli altri.

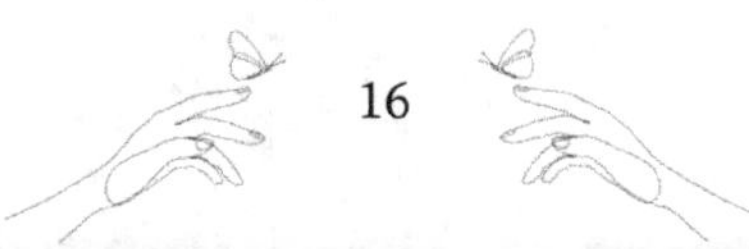

In quanto donne, desideriamo passare del tempo in compagnia e condividere la vita con altri. Fa parte del nostro DNA. Ci godiamo le nostre relazioni e desideriamo aiutare coloro che amiamo, ma, allo stesso tempo, vogliamo anche essere ascoltate. Ma hai mai pensato di cominciare tu ad ascoltare te stessa?

Se ti rilassi e metti a tacere il tuo critico interno, tutto diventa più chiaro. Lontano dal rumore, puoi ascoltare e fare amicizia con le tue ansie, capire ciò che le tue emozioni stanno cercando di dirti, ristabilire la connessione con la tua intuizione e arrivare a decisioni, sia ordinarie che più significative, basate sulla tua saggezza interiore. Non sembra fantastico?

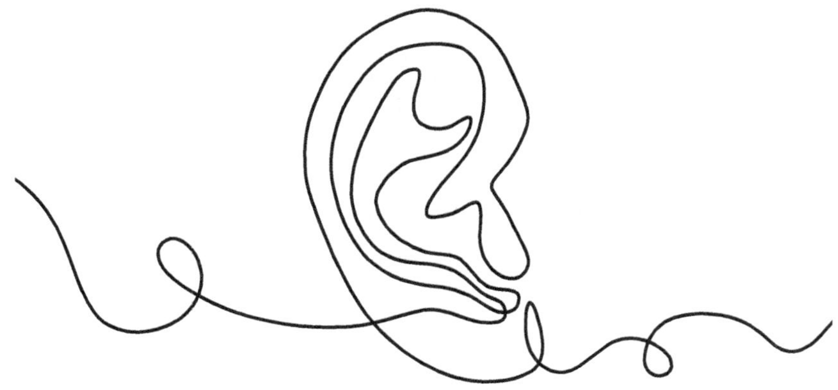

Inoltre, fare silenzio è un modo per rivelare i tuoi valori fondamentali. Se ti imbatti in convinzioni profondamente radicate che ti stanno limitando, puoi apportare i cambiamenti necessari. Ascoltando te stessa, sarai anche in grado di prevedere come ti sentirai in ogni situazione, preparandoti così per ciò che ti aspetta.

## METTILO IN PRATICA

Pensa a una questione che ti sta angustiando ultimamente, magari una discussione con una persona cara, un problema complesso al lavoro o una decisione importante sulla tua carriera.

Ritagliati del tempo nella tua giornata e siediti in silenzio con questa preoccupazione. Cerca un luogo che ti faccia sentire a tuo agio, al sicuro. Magari nella tua camera da letto, sulla tua panchina preferita, in chiesa o al parco. Porta con te un taccuino e una penna, nel caso in cui tu voglia scrivere qualcosa. Ricorda: questo è un modo meraviglioso per fare chiarezza su una situazione.

Fai diversi respiri profondi per centrarti. Lascia che le voci degli altri, dei tuoi amici, colleghi, del tuo capo e dei tuoi genitori, svaniscano. Se tornano, concentrati sul respiro, sul battito cardiaco e sui suoni dell'ambiente.

Una volta che ti senti tranquilla, chiediti:

- Cos'è che mi preoccupa?

  .................................................................

  .................................................................

- Quali sono i pro e i contro delle soluzioni che mi sono state date da altri o che ho considerato io?

  .................................................................

  .................................................................

- Cosa voglio veramente?

  .................................................................

  .................................................................

- Cosa penso veramente che renderà saggia una decisione?

  ...................................................................

  ...................................................................

- Di cosa ho bisogno?

  ...................................................................

  ...................................................................

- Immagina la persona più saggia e compassionevole della tua vita che risponde ai tuoi sentimenti e alle tue preoccupazioni.

  ...................................................................

  ...................................................................

- Come risponderebbe?

  ...................................................................

  ...................................................................

- Come ti rassicurerebbe?

  ...................................................................

  ...................................................................

- Quali prospettive ti incoraggerebbe a vedere?

  ...................................................................................................................

  ...................................................................................................................

- Quali punti di vista negativi ti esorterebbero ad allontanare?

  ...................................................................................................................

  ...................................................................................................................

- Quali soluzioni fornirebbe?

  ...................................................................................................................

  ...................................................................................................................

Aprire un dialogo gentile e comprensivo con te stessa, sia internamente che sul tuo taccuino, ti aiuterà a sviluppare empatia e comprensione.

# ESERCIZIO CREATIVO

Disegna un'onda, poi, prenditi un po' di tempo per colorarla come preferisci. Rifletti su quell'onda e su cosa significa per te.

Ricorda il flusso della vita. Il poeta e studioso Rumi insegnò che "nessun sentimento è definitivo". La vita è come il mare e noi ci galleggiamo sopra, sentendo i movimenti delle onde sotto di noi. A volte le onde sono più grandi di altre, e a volte il mare è calmo. Rifletti su questo: come un'onda, la tua ansia, i tuoi sentimenti negativi e le tue difficoltà passeranno. Potrebbero arrivare altri sentimenti, ma ricorda che ci saranno anche momenti in cui il mare sarà calmo.

## Conclusioni

Probabilmente, hai guadagnato a fatica la tua saggezza che, proprio per questo, è inestimabile. Ascoltarti, lontano dalle distrazioni, ti aiuterà a riconnetterti con te stessa come non hai mai fatto prima.

24

# Capitolo tre

## Sii il tuo genitore saggio e amorevole

> Ma, soprattutto, cerca di essere l'eroina
> della tua vita, non la vittima.
> —*Nora Ephron*

A volte la frenesia della vita può impedirci di prenderci cura di noi stesse. Come ho detto prima, le donne spesso pensano agli altri prima che a sé stesse.

Lavoro, obblighi sociali, responsabilità domestiche, figli, relazioni, serate con gli amici ed eventi impegnativi: tutto questo può allontanarci dalla salute e dal benessere. Potremmo non dormire bene, mangiare in modo sbagliato o abbandonare il nostro impegno a fare esercizio fisico. Molte smettono di

chiedere conforto e ascolto e dimenticano di rilassarsi e *riposarsi.*

La piramide dei bisogni di Maslow rivela che per raggiungere il nostro massimo potenziale dobbiamo prima assicurarci che i nostri bisogni essenziali siano soddisfatti. Questi sono respirare, mangiare, dormire, avere a disposizione acqua e cibo e vestiti e un riparo. Una volta che abbiamo tutto questo, possiamo iniziare a muoverci verso le sfide più diverse delle relazioni interpersonali, del progresso di carriera e del raggiungimento dello scopo della nostra vita.

È qui che entri in gioco tu come genitore saggio e amorevole di te stesso. Questa figura esiste in tutte noi, a volte non è che un sussurro, a volte un grido. Immaginala come una persona sulla tua spalla che ti guida nella giusta direzione.

Quella voce ci dice che è ora di lasciare la festa, anche se ci stiamo divertendo, così da dormire abbastanza e non essere stanche il giorno successivo al lavoro. Ci avverte di pericoli potenziali, ci ricorda di scegliere la mela piuttosto che il dolcetto o ci esorta a concederci un bagno caldo quando ci sentiamo esauste e ansiose.

Il tuo dovere è quello di riallacciare i rapporti con quel genitore dentro di te. Magari è rimasto nascosto perché lo stress della vita ti ha distratta o i bisogni degli altri hanno preso il sopravvento sui tuoi.

## METTILO IN PRATICA

Esamina la tua vita e individua quali bisogni fondamentali richiedono maggiore attenzione.

- Hai bisogno di dormire di più o meglio?

..........................................................................................

..........................................................................................

- Hai bisogno di mangiare più sano? Più verdure?

........................................................

........................................................

- Ti sei ricordata di prendere le vitamine?

........................................................

........................................................

- Sei stata dal dottore ultimamente?

........................................................

........................................................

- Ti stai comportando bene con te stessa e lasci che i tuoi errori ti insegnino qualcosa di nuovo piuttosto che buttarti giù?

........................................................

........................................................

- Hai bisogno di ridere di più?

........................................................

........................................................

- Hai bisogno di passare più tempo con gli amici?

.................................................................................................

.................................................................................................

- Hai bisogno di uscire a fare una passeggiata per schiarirti le idee?

.................................................................................................

.................................................................................................

Ascolta il genitore saggio e amorevole che hai dentro e fai come ti suggerisce. Chissà, la tua guida interiore potrebbe sorprenderti con la sua saggezza.

## Esercizio Creativo

Immaginati in un corpo più sano e più energetico. Cosa faresti? Ti metteresti a correre, nuotare o semplicemente sorrideresti di più? Come ti sentiresti? Che aspetto avresti?

Hai bisogno di ispirazione? Cerca tra le foto sul tuo telefono o in un album una foto di te stessa in un momento in cui appari ben riposata, a tuo agio e felice.

Puoi abbozzare un disegno, oppure sdraiarti, chiudere gli occhi e immaginarlo nella tua mente. Ci sono tanti modi di esprimere la tua creatività, anche senza prendere una matita in mano!

# Conclusioni

La cura di sé è fondamentale per la propria salute mentale, fisica e psicologica. La vita è fatta per essere vissuta e goduta. Imparare a prenderti cura di te stessa come farebbe un genitore ti porterà solo maggiore soddisfazione, felicità e rispetto per ciò che sei.

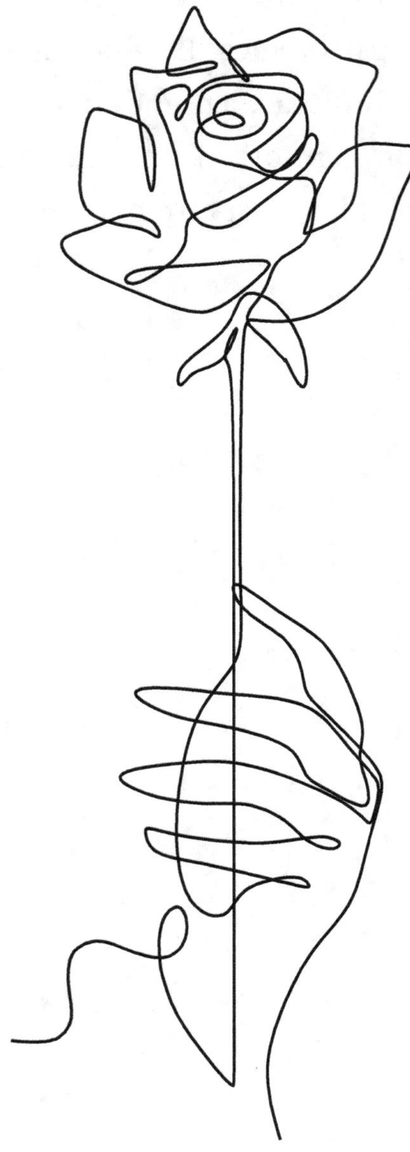

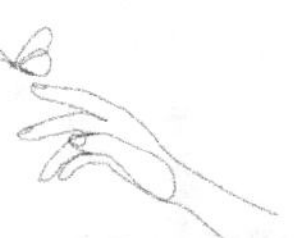

# Capitolo quattro

## Sii il tuo appuntamento

> Mia madre mi ha detto di fare la signora.
> E per lei, ciò significava essere sé stesse,
> essere indipendente.
> —*Ruth Bader Ginsburg*

Essere in compagnia di altre persone è certamente divertente, ma la compagnia di sé stessi può essere decisamente rilassante e piacevole. Quando trascorri del tempo di qualità con te stessa, impari molto su di te, come ad esempio quali sono le tue preferenze alimentari, il momento della giornata in cui ti senti più attiva o la velocità a cui ti piace camminare. Hai l'opportunità di esplorare attività, cibi e ambienti che sono nuovi per te e giungere a conclusioni basate non

sulle opinioni altrui, ma piuttosto sull'ascolto del tuo cuore.

Quando sei sola, puoi essere chiunque tu voglia essere. Sebbene sia liberatorio, spesso le persone evitano di stare da sole perché hanno paura di affrontare determinate situazioni. Magari ci sono cose di te stessa che non ti piacciono e non vuoi pensarci o affrontarle. O magari, la voce negativa nella tua testa diventa più forte quando sei da sola. Ma ogni tanto rimanere sole per ricordarci chi siamo e cosa dobbiamo dare al mondo è indispensabile.

Anche se uscire con te stessa può sembrarti strano, ti assicuro che diventerà più facile man mano che lo fai. Sarà un'occasione per superare le difficoltà che ti hanno spesso ostacolata. Puoi imparare ad amare il tuo corpo, smettere di stressarti per il conto in banca e persino perdonarti per qualcosa che non sei stata in grado di fare per molto tempo. Ciò avviene perché passare tempo in solitudine ti dà la possibilità di stare davvero con te stessa e di sentire la voce forte e appassionata dentro di te che chiede d'essere ascoltata. Prenditi del tempo per restare in intimità con te stessa, lascia andare tutte le negatività e amati di più.

## METTILO IN PRATICA

Scegli un luogo o un'attività che ti entusiasmi: un ristorante *chic* che ha aperto di recente, un evento unico che la maggior parte delle persone della tua cerchia sociale non sceglierebbe, ma che ha un significato speciale per te, o semplicemente un film che non vedevi l'ora di vedere.

- Programmalo nel tuo calendario e fallo da sola.

  ........................................................................

  ........................................................................

- Preparati come faresti per qualsiasi appuntamento scegliendo un *outfit* divertente e facendo emergere il lato più allegro di te stessa.

  ........................................................................

  ........................................................................

- Durante l'appuntamento, fai una pausa per notare come ti senti, in particolare se stai provando un nuovo cibo o una nuova attività, poiché tutto ciò che ci allontana dalla nostra zona di comfort è come un'auto-rivelazione.

......................................................................................

......................................................................................

- Una volta a casa, scrivi nel tuo diario, non solo quello che hai fatto, ma anche quello che ti porti via da questa esperienza. Come faresti in modo diverso la prossima volta? Cosa vorresti provare ora?

......................................................................................

......................................................................................

- Fai diventare questi momenti di solitudine parte della tua routine; magari un giorno ti ispireranno a fare un salto più grande e a viaggiare in un posto esotico da sola.

......................................................................................

......................................................................................

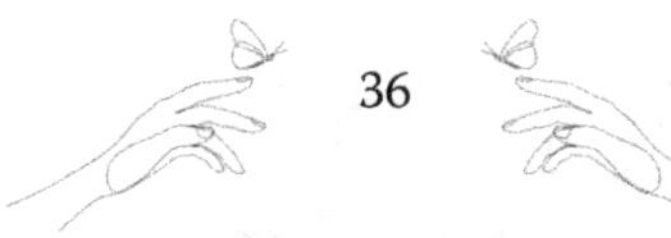

# ESERCIZIO CREATIVO

Pensa all'ambientazione perfetta per il tuo appuntamento ideale. Disegnala o fai un elenco.

Potrebbe essere un tramonto in spiaggia, un ristorante a lume di candela, un cinema *drive-in*, un picnic accanto a una cascata. Potrebbe essere una camminata al parco con il cane o anche un bicchiere di vino in terrazzo.

Immaginati sola in quell'ambiente e come ti senti a fare esattamente ciò che vuoi in quello spazio. Dopo essertelo rappresentato nella mente, realizzalo per davvero (soprattutto se non l'hai mai fatto prima)!

# Conclusioni

Godersi la propria compagnia può essere illuminante ed emozionante come innamorarsi di qualcuno. Può aiutarti a raggiungere una nuova comprensione di chi sei veramente. Inoltre, se non ti piace la tua compagnia, come può piacere a qualcun altro?

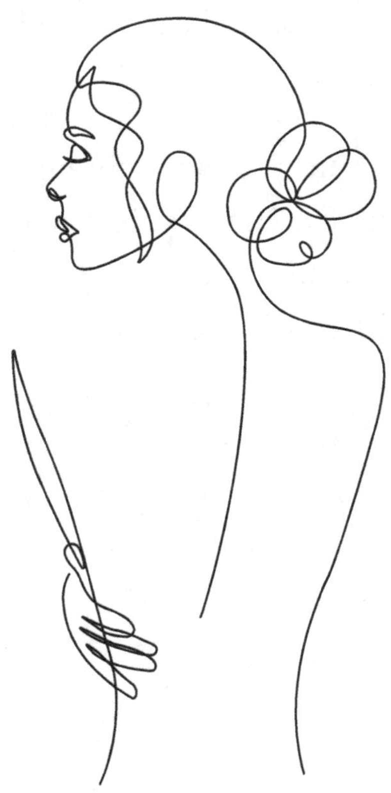

# Parte seconda: Ama il tuo spazio

# Capitolo cinque

## Sii il tuo chef personale

> " Una donna è il cerchio completo. Dentro di lei c'è il potere di creare, nutrire e trasformare.
>
> —*Diane Mariechild* "

Spesso, le donne che lavorano e hanno bambini sottovalutano l'importanza della loro alimentazione. A volte se siamo sole a casa, mangiamo una ciotola di cereali o ordiniamo un'insalata da asporto. Oppure, non prepariamo nulla e mangiamo semplicemente qualche avanzo del giorno prima.

Imparare a cucinare per sé stesse, e farlo con calma, aumenta l'autostima e il rispetto di sé. Inoltre, essere il proprio chef personale offre una serie di vantaggi. Cucinare è un'esperienza meravigliosamente sensuale, ricca di sapori e profumi che possono portare tanta felicità. Concederti cibi deliziosi e pieni di vitamine e minerali essenziali è sempre una buona idea (basta chiedere al tuo saggio e amorevole genitore!).

## METTILO IN PRATICA

Comincia ad appassionarti! Se normalmente non ami cucinare, fai cose che ti aiutino ad avvicinarti alla cucina. Se ad esempio devi ricomprare degli utensili, cerca pentole e cucchiai da cucina che ti piacciono. Rendi la tua cucina un posto piacevole, così passarci del tempo sarà sempre più facile. Inizia in piccolo: non comprare quella pentola di rame che costa una fortuna, ma piuttosto un bel coltello da chef che ti fa venire voglia di cucinare più spesso!

Un altro modo per appassionarsi è fare un giro al mercato vicino casa e acquistare prodotti freschi e di stagione o qualcosa che ti piace. Studia i modi migliori per cucinare e servire cibi che potresti non aver provato prima. E se non hai soldi per comprare tante verdure diverse, comincia semplicemente scegliendone un tipo diverso. Se mangi sempre le carote, prova la zucca. Non prendere le barbabietole rosse, ma compra il sedano rapa.

Cerca su internet o nel ricettario della nonna nuove ricette e dedica una serata alla preparazione di una cena solo per te. Prenditi del tempo in cucina in modo da non dover fare tutto di corsa. Proprio come un pasto cucinato con amore, questa esperienza va assolutamente assaporata!

Mentre cucini, ascolta una playlist o un podcast che ti piace e fai una pausa per assorbire la gioia dell'esperienza. Presta attenzione ai sapori e ai profumi di ciò che prepari e, se lo senti, ringrazia internamente le persone e il pianeta che rendono disponibile quegli alimenti.

Quando è pronto, trova un bel posto tranquillo dove consumare il tuo pasto. Rendilo comodo e piacevole. E, mentre mangi, fai quello che vuoi: tutto ruota intorno a te. La premura che mostri in quell'occasione può portare a una maggiore autostima e servire come promemoria del fatto che meriti cura, bellezza ed eleganza.

## ESERCIZIO CREATIVO

Una cosa che spesso mi piace fare è inventare una ricetta che non ho mai cucinato prima. Mi piace sperimentare con gli alimenti che ho già a casa e vedere se riesco a preparare qualcosa di delizioso. Così, utilizzi il tuo lato creativo e trasformi l'ora del pasto in un'occasione per onorare te stessa.

# Conclusioni

Cucinare per sé stesse significa prendersi cura di sé. Goditi le tue avventure in cucina e altrove.

# Capitolo sei

## Sii la tua amante

> **"**
> Portiamo con noi il passaporto per la nostra stessa felicità.
> —*Diane von Furstenberg*
> **"**

Quando ami qualcuno puoi provare un grande piacere: allo stesso modo amare te stessa rafforzerà la tua indipendenza e promuoverà l'autostima. E tutte noi ne abbiamo bisogno. Spesso, però, può essere difficile metterlo in pratica. Come puoi guardarti come farebbe un amante?

Poniti alcune domande. Come ti tratterebbe idealmente il tuo amante? Ti farebbe dei complimenti? Ti massaggerebbe i piedi? Si offrirebbe di ordinare una pizza d'asporto o mettere

il tuo film romantico preferito? Ti porterebbe dei fiori, adorerebbe le stranezze che ti rendono *te stessa* e ti farebbe un massaggio alla schiena finché non ti addormenti?

Massaggio alla schiena a parte, puoi fare tutte quelle cose da sola ed esplorare così la tua resilienza e la tua dignità con amore e tenerezza. A tutti piace ricevere cure amorevoli... ricordiamoci allora di darle anche a noi stesse e non solo agli altri.

## METTILO IN PRATICA

Pensa a qualcosa che coinvolge uno dei tuoi cinque sensi primari: un massaggio, un dessert gourmet, un bagno, una galleria d'arte o una danza; scegli tu. Non porre limiti alle tue idee. Poi, includila nella tua vita per un'esperienza sensuale in solitudine.

Ricordati, però, che essere la propria amante non significa solo comprarsi un profumo o concedersi una fetta di tiramisù. Ci sono tanti modi diversi per coccolarsi ogni giorno:

- Con un auto-massaggio;
- Accarezzandoti i capelli;

- Utilizzando un olio o una lozione profumati sulla pelle;
- Dicendoti quanto apprezzi te stessa;
- Sperimentando un trattamento nutriente per la pelle;
- Dandoti un abbraccio;
- Concentrandoti su un progetto che ti porta piacere, come leggere un romanzo, dipingere un quadro;
- Creando un rituale rilassante per la buonanotte;
- Facendo stretching quando ti alzi la mattina e trascorrendo i primi momenti della tua giornata analizzando come ti senti e cosa speri di raggiungere;
- Scrivendo una lista della gratitudine su ciò che apprezzi di te stessa e sui progressi fatti;
- Ascoltando meditazioni guidate;
- Usando un rullo in schiuma morbida per rilassare il corpo;
- Tenendo un diario;
- Accettando gli errori che hai commesso in passato e trasformando quei passi falsi in momenti di crescita;
- Dando ai tuoi pensieri e sentimenti risposte amorevoli.

# ESERCIZIO CREATIVO

Disegna il tuo dessert preferito: una coppa di gelato, una fetta di cheesecake, un pezzo di tiramisù. Immagina il piacere di mangiarlo. Ritornaci ogni volta che hai bisogno di ricordarti che la gioia è a portata di mano. A volte, dobbiamo pensare solo al nostro piacere!

# Conclusioni

Amare te stessa ti dà potere e ti fa *brillare*. Concediti l'affetto di un amante e guarda aumentare la tua felicità e fiducia.

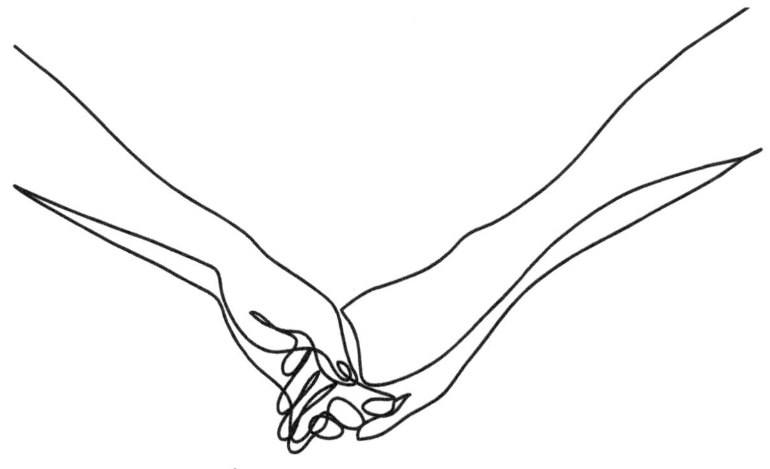

# Capitolo sette

## Sii la tua fonte di luce

> Il coraggio inizia con il mostrarsi e
> il farsi vedere.
> —*Brene Brown*

Spesso ammiriamo gli altri per le qualità che abbiamo già dentro di noi. Conoscendo meglio te stessa, scoprirai che per ottenere l'energia e la luce che desideri non devi far altro che accendere la fiamma che porti dentro di te. Sii la tua fonte di luce.

Essere la propria fonte di luce significa avere il coraggio di mostrare agli altri il proprio vero sé. Significa attingere energia, gioia e fiducia verso la

vita dentro di sé, invece di dipendere da altri o da circostanze esterne per superare i momenti difficili.

Le attività di questo libro sono pensate per esserti da stimolo in questo, ma puoi anche farlo a tuo modo, liberando la creatività.

## METTILO IN PRATICA

Pensa alla luce o all'ora del giorno che preferisci. È un'alba dolce e dai colori tenui? Un tramonto vivido? Un pomeriggio avvolgente e piovoso? Perché questa è la tua fonte di luce preferita? Cosa dice di te?

Hai bisogno di spunti? Ecco alcuni fattori da considerare:

- L'alba può significare una natura allegra. Tendi ad essere ottimista, con una visione positiva della vita.

- Il crepuscolo può rappresentare una personalità serena. Potresti seguire il flusso ed essere spesso descritte come persone fluide.

- Il tramonto può simboleggiare un carattere focoso; qualcuno che tende verso l'avventura e uno stile di vita attivo.

- La mezzanotte può rivelare una personalità tranquilla e misteriosa e un profondo interesse intellettuale per l'universo.

Scatta un selfie con il telefono per immortalarti durante il momento della giornata che preferisci, qualunque esso sia. Gioca con le pose e gli angoli. Guarda la foto quando hai bisogno di ricordarti che la luce è dentro di te.

# ESERCIZIO CREATIVO

Usando matite colorate, penne o pastelli, disegna un cielo pieno delle tonalità che ritieni più adatte a te. Oppure, puoi semplicemente acquistare della carta di un colore che ti rilassa o ti rispecchia e tagliarla in quadrati. Tieni quei ritagli sempre con te come promemoria della luce che hai dentro.

## Conclusioni

Essere la propria fonte di luce significa essere la propria migliore risorsa. Tira fuori la tua energia e il tuo entusiasmo e intraprendi un percorso verso un futuro brillante.

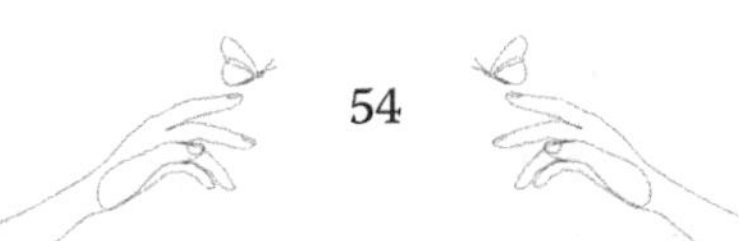

# Capitolo otto

## Sii la tua insegnante

> « La capacità di imparare è la dote più importante che può avere un leader.
> —*Padmasree Warrior* »

L'apprendimento non dovrebbe cessare quando la scuola finisce e ottieni quel diploma. Anzi, vari studi dimostrano che l'apprendimento continuo è la chiave per la felicità e la longevità, nonché una maniera per combattere la noia e l'inattività. Continuando a imparare, sviluppi competenze che creeranno opportunità future, mantieni un cervello sano e coltivi nuove idee.

Puoi scegliere quali argomenti studiare e quali competenze apprendere. Magari, ti sei laureata in matematica ma hai sempre amato la botanica? È ora di tornare indietro e approfondire quella passione.

Oggigiorno, le possibilità sono praticamente illimitate. MasterClass, ad esempio, offre corsi online in diversi campi, dalla sceneggiatura al personal branding, dalla cucina vegetariana moderna alla decorazione di interni. Le lezioni sono tenute da veri esperti come Joyce Carol Oates e Carlos Santana. Ma se hai un budget limitato, dai un'occhiata ai corsi gratuiti offerti dalla tua regione o da un'università vicina a te. Ce ne sono un sacco anche online!

Approfondisci la conoscenza di qualcosa che ti interessa, anche se non necessariamente ti servirà nella tua professione o nella tua vita famigliare. Farlo ti darà un senso di realizzazione e ti permetterà di mantenere una mente attiva e felice. Inoltre, può essere utile per trovare nuovi contatti nella tua area di interesse. Potrebbero essere persone che incontri a lezione e che magari condividono i tuoi stessi interessi. Questi nuovi legami rafforzeranno la tua fiducia mentre scopri nuovi mondi.

# METTILO IN PRATICA

Fai una lista di cinque argomenti che ti interessano, come ad esempio fotografia, musica o di lingua spagnola. Poi iscriviti a un corso locale o online. Preferisci approfondire un argomento che già conosci? Considera la possibilità di iscriverti a un programma post-laurea per puro interesse.

Oppure vai in biblioteca e dedica del tempo a leggere libri su argomenti che ami!

.......................................................................................................

.......................................................................................................

.......................................................................................................

.......................................................................................................

.......................................................................................................

# ESERCIZIO CREATIVO

Tornare a studiare dopo tanto tempo che non lo facciamo può essere piuttosto difficile. Per affrontare l'ansia e la paura che ne derivano, scrivi sul diario. La formazione continua può aiutarti ad ampliare i tuoi orizzonti e ad espandere la tua vita. Non farti ostacolare dalla paura!

Ecco alcuni suggerimenti su argomenti da trattare sul tuo diario:

- Qual è la cosa peggiore che potrebbe accadere?

  .................................................................................................

  .................................................................................................

- Cosa mi spaventa davvero della formazione continua?

  .................................................................................................

  .................................................................................................

- Da dove penso che provenga questa paura?

.......................................................................................................

.......................................................................................................

- Come mi sentirei se sapessi che il risultato sarà positivo?

.......................................................................................................

.......................................................................................................

## Conclusioni

L'apprendimento è un piacere ed è anche una parte essenziale della crescita personale. Amplia la tua conoscenza così come la fiducia e la sicurezza in te stessa facendo un primo passo verso il progresso della tua istruzione. Ti piacerà!

# Capitolo nove

## Sii la tua tuttofare



Ammiri l'indipendenza altrui? E se potessi sviluppare anche tu quelle abilità che apprezzi negli altri? Che tu viva da sola o in famiglia, sapersi arrangiare in casa è sempre utile. Quel rubinetto che perde o lo scaffale rotto in salotto possono essere opportunità uniche per rafforzare l'autostima, risparmiando - perché no—anche un po' di soldi. Inoltre, fare da sé, è un modo per vedere i risultati concreti dei propri sforzi. È estremamente soddisfacente notare dei progressi quando investiamo del tempo in qualcosa!

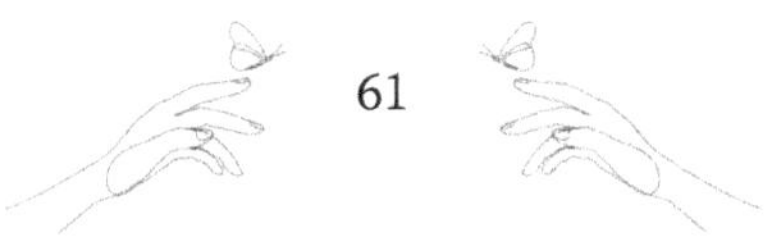

Potrebbe non fare al caso tuo, ma provarci può davvero insegnarti qualcosa di nuovo su di te. Aggiustare qualcosa con successo in casa, è una maniera di accrescere la propria autonomia e indipendenza. A volte, abbiamo bisogno di sentirlo e *vederlo*.

## METTILO IN PRATICA

Impara ad essere la tua tuttofare. Chi l'ha detto che bisogna dipendere dagli altri? Crea un kit di utensili, con martello, chiodi, cacciavite elettrico e così via e leggi i manuali. Puoi anche guardare tutorial passo-passo online per aiutarti a fare piccole migliorie in casa.

## ESERCIZIO CREATIVO

Comincia in piccolo. Trova qualcosa che puoi facilmente riparare da sola, magari non iniziando con un lavandino rotto. Forse hai una cassettiera che hai sempre voluto dipingere di un colore diverso. La pittura non è un'attività difficile: cerca qualcosa da restaurare, scegli i colori che preferisci e *voilà*! Avrai

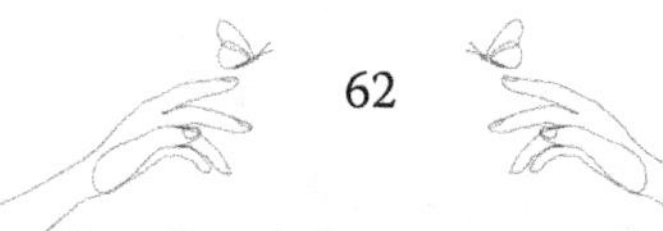

un progetto tutto per te. Questo ti darà la sicurezza di passare a compiti via via più difficili.

## Conclusioni

Capire come funziona la tua casa e avere gli utensili necessari per effettuare piccole riparazioni rafforzerà la fiducia in te stessa. Puoi farcela. Tutto ciò di cui hai bisogno è il progetto giusto.

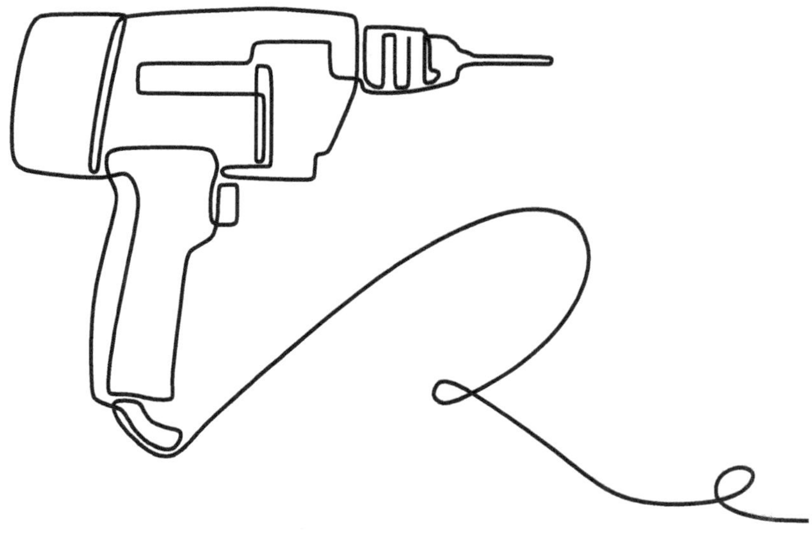

# Parte terza: Ama la tua compagnia

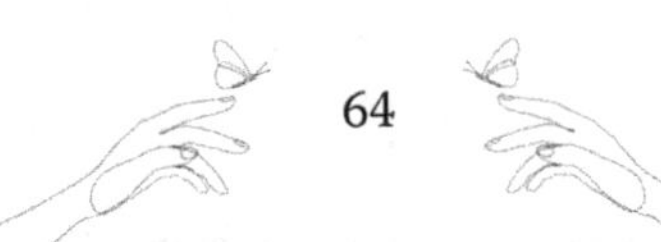

# Capitolo dieci

## Sii il tuo gestore finanziario

> Fai un patto con te stessa per il lungo periodo, come un'amica che ti sostiene in ogni fase del percorso.
>
> —*Tara Mohr*

Amare sé stessi non solo rende la vita più piacevole, ma fa anche bene alla salute. Ma c'è un aspetto che spesso si trascura quando si parla di benessere.

La cura delle proprie finanze.

La ragione è che il denaro è spesso legato a emozioni, non sempre positive, che ereditiamo dai nostri genitori o dal contesto in cui siamo cresciuti. Le

nostre esperienze passate con il denaro influenzano il modo in cui lo gestiamo nel presente. E non sempre è un bene.

Togli dall'equazione i tuoi sentimenti verso il denaro: l'abbondanza, la carenza o il desiderio di averne di più. Ecco la verità: il denaro non è né buono né cattivo, ma un semplice strumento che dobbiamo saper gestire per ottenere un senso di ordine, realizzazione e controllo.

Sconfiggendo le tue paure finanziarie sblocchi una nuova forma di autonomia. Quando disponi bene del tuo denaro, sei libera di goderti la vita e conoscere te stessa a un livello più profondo e amorevole. Potrai anche soddisfare i bisogni che contribuiscono a una vita lunga e gioiosa, come l'acquisto di cibi sani, e dare priorità alla tua salute senza preoccuparti del budget.

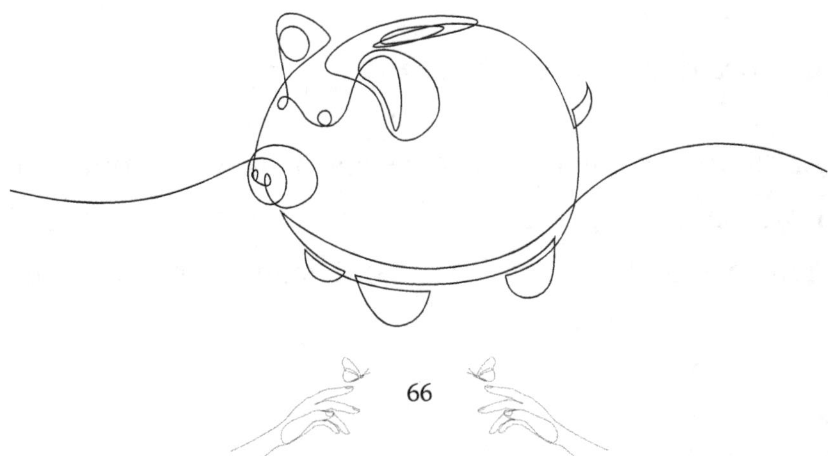

# METTILO IN PRATICA

Chiarisci la tua posizione finanziaria elencando il flusso di cassa, le bollette, le spese, i debiti e gli investimenti. Determina cosa puoi fare per assicurarti di avere un futuro finanziario stabile o *prospero*.

.............................................................................

.............................................................................

.............................................................................

.............................................................................

# ESERCIZIO CREATIVO

So che i soldi non sempre si prestano alla creatività. Anzi, rendono alcune persone decisamente nervose. Ma puoi dare sfogo alla tua immaginazione sognando il futuro che desideri. Siediti comoda, rilassati e lascia che la tua mente spicchi il volo.

Poi, crea uno schema di tutte le cose o servizi che desideri acquistare, tipo un viaggio in Spagna o quel paio di scarpe da corsa che stai tenendo d'occhio.

Uno schema può aiutarti a "monitorare il premio" e motivarti a raggiungere quell'obiettivo di guadagno!

Un altro esercizio che potrebbe piacerti è quello di tenere un registro delle spese. Non si tratta solo di tenere traccia delle tue finanze: quello in cui le persone spendono soldi, infatti, dice molto di loro. Ad esempio, potresti scoprire di aver speso sessanta euro in una serata con gli amici, ma solo dieci durante il tuo "appuntamento in solitaria". Cosa ti dice questo?

## Conclusioni

Le finanze spesso non vengono considerate quando si parla di cura di sè, ma possedere abbastanza soldi per pagare le bollette, fare attività piacevoli, risparmiare per le emergenze e il futuro e fare grandi acquisti, ti dà un senso di sicurezza e di controllo sulla tua vita.

# Capitolo undici

## Sii il tuo booking agent

> "Parla a te stesso come faresti con qualcuno che ami.
> —*Brene Brown*"

Gli agenti lavorano per promuovere gli interessi dei loro clienti quali autori, atleti e attori. Conoscono bene il loro rappresentato e non si fanno scrupoli a pubblicizzare i suoi talenti e risultati. In effetti, si tratta di una parte vitale del loro ruolo.

Per quanto possa essere splendido sentire qualcun altro lodare le tue abilità, tieni presente che anche tu puoi farlo. Devi solo essere consapevole dei tuoi doni e della tua capacità di affrontare situazioni

difficili come un colloquio di lavoro, di andare a un appuntamento senza timore, di provare nuove imprese e, in fin dei conti, di camminare a testa alta.

## METTILO IN PRATICA

Scrivi cinque tuoi pregi o qualità. Potrebbe volerci un po' di tempo, soprattutto se non sei abituata a pensare a te stessa in questo modo. Non preoccuparti. Prenditi tutto il tempo di cui hai bisogno.

......................................................................................

......................................................................................

......................................................................................

......................................................................................

......................................................................................

Magari hai una gran bella voce, il pollice verde, la capacità di ricordare tutti i compleanni, una passione per la narrativa storica o per gli animali. Pensa a qualsiasi cosa che ti distingue.

Hai bisogno di ispirazione?

Ricorda i complimenti che hai ricevuto, le testimonianze dei clienti, le parole che i tuoi amici più stretti usano per descriverti o anche i messaggi positivi che altri hanno scritto su di te sui social media. Riassumi questi complimenti in una lista di tratti o abilità.

........................................................................................

........................................................................................

........................................................................................

........................................................................................

........................................................................................

Elenca accanto a ciascun talento, i modi in cui lo utilizzi. Se lo sfrutti poco, immagina come potresti usarlo meglio. Come puoi metterlo in mostra più spesso e usarlo in maniera positiva?

Tieni questo elenco in un posto speciale e rileggilo quando hai bisogno di ricordarti quanto sei meravigliosa. Eccelliamo tutti in qualcosa!

## ESERCIZIO CREATIVO

Fai uno schizzo di ognuna delle cinque qualità che hai identificato.

Potrebbe essere una nota musicale per rappresentare la tua voce, una pianta per le tue abilità di giardinaggio, una candelina di compleanno per simboleggiare la tua memoria, un libro per mostrare la tua passione o un animale che adori.

Sii creativa. Queste immagini rappresentano i contributi che devi dare al mondo! Non nascondere le tue abilità. Tieni i disegni in un posto in cui puoi vederli ogni giorno, così da ricordarti sempre quali sono le tue qualità uniche. Sentiti libera di aggiornarli quando scopri nuovi lati di te.

# Conclusioni

Tutte noi abbiamo bisogno di qualcuno che ci dia supporto, ma a volte dobbiamo smetterla di aspettarci che qualcuno ci aiuti. Hai tutto ciò di cui hai bisogno per difenderti e sostenerti in qualsiasi cosa tu voglia fare.

# Capitolo dodici

## Sii il tuo supporto

> Io sono mia, prima che di chiunque altro.
> —*Nayyirah Waheed*

Chiamare un amico o un familiare durante i momenti di difficoltà può essere di grande aiuto. Queste persone possono abbracciarti, consigliarti, rassicurarti o semplicemente ascoltarti. Alcune ti daranno persino un fazzoletto nel momento giusto, sapranno tirarti fuori da una brutta situazione e quale gusto prendere quando ti portano una vaschetta di gelato. Poiché siamo esseri umani, abbiamo bisogno di altri, specialmente quando viviamo momenti difficili. È importante avere nella propria vita qualcuno che ci supporti.

Non dimenticarti però di essere tu stessa la tua migliore amica e la prima confidente e di ricordarti che sei capace di gestire gli imprevisti della vita. Impara a sostenerti sempre e ti meraviglierai di quello che sarai in grado di fare. Circondarsi di persone che ci danno valore è importante, ma non sempre abbiamo bisogno di loro. Ad esempio, non abbiamo bisogno di qualcuno che ci dica che possiamo superare i momenti difficili.

Che si tratti di una brutta giornata, un brutto mese, una brutta annata, non ha importanza. Puoi gestire qualsiasi cosa con una grande dose di amore e comprensione verso te stessa e concedendoti qualche coccola. Ricorda, sei una tua alleata. In fin dei conti, vivendo con te stessa, dovresti essere in grado di prenderti cura di te.

## METTILO IN PRATICA

Crea un kit concreto di "pronto soccorso" che puoi usare quando hai una brutta giornata.

Mettici un pacchetto di fazzoletti, un messaggio amorevole di incoraggiamento per te stessa, una barretta di cioccolato fondente, una candela

profumata, un libro o una foto che ami, un diario per annotare i tuoi pensieri e sentimenti e un elenco di canzoni e film che ti danno conforto. Riempi un blocchetto di appunti di affermazioni positive e aggiungilo al kit. Proprio come avere uno spazio sicuro in cui scappare, questo kit può darti la giusta spinta di cui hai bisogno e sostenerti nei periodi di stress.

## ESERCIZIO CREATIVO

Scrivi una lettera alla te del passato che si trovava ad attraversare un momento difficile. Incoraggiala e spiegale in che modo lo affronterà. Quando vivi di nuovo un momento del genere, puoi sempre rileggere quella lettera e capire come ti sei aiutata.

.................................................................................................................

.................................................................................................................

.................................................................................................................

.................................................................................................................

.................................................................................................................

## Conclusioni

Ci sono momenti nella vita in cui il tuo più grande conforto sei tu stessa. Avere altre persone accanto è fantastico, ma non dimenticare che il tuo miglior supporto sei tu!

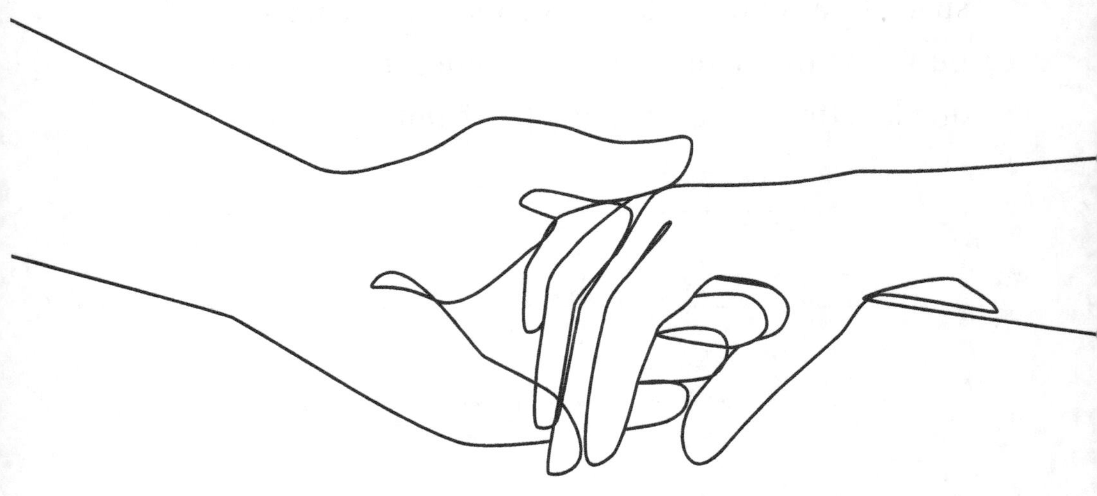

# Capitolo tredici

## Sii la tua coach

> Tutto ciò di cui hai bisogno è già dentro di te.
>
> —*Elena Sonnino*

I personal trainer, i life coach, quell'amico che ti convince a dare sempre il massimo: sono tutte persone che possono aiutarti a crescere, che ti spingono verso nuove vette e ti ricordano la tua grandezza. Ti fanno andare avanti anche quando senti di non avere niente da dare.

Il segreto sta nel fatto che, anche se non ci credi, sei assolutamente capace di affrontare qualsiasi cosa. Gran parte di ciò che realizzi fisicamente o mentalmente dipende dal tuo stato mentale. Se sei

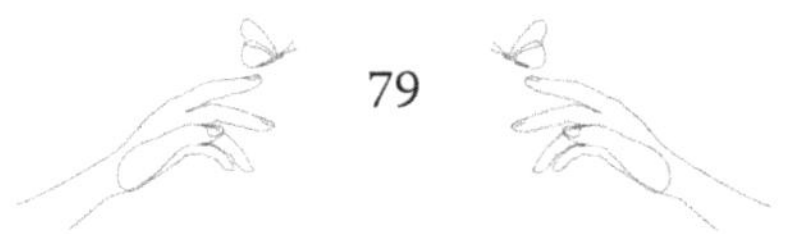

in quello giusto, vedrai una miriade di cose che puoi fare con o senza il supporto di altri. Usando parole incoraggianti, anche tu puoi evocare il coach che è dentro di te. Facendolo regolarmente, sentirai un legame più forte con te stessa e una profonda fiducia in te stessa. Si tratta di un altro modo in cui puoi supportare te stessa, questa volta più come un coach che ti esorta a fare meglio mentre svolgi un'attività. Ripeti a te stessa: "Posso farcela!" con convinzione.

Questa pratica può aiutare a calmare le voci negative nella nostra testa che ci dicono che non siamo abbastanza forti o bravi. Un coach non lo direbbe mai, quindi non dovresti dirtelo neanche tu.

Incoraggiati con affermazioni positive e riuscirai a raggiungere i tuoi obiettivi.

## METTILO IN PRATICA

Scegli un gioco o un esercizio che puoi fare da sola. Magari yoga, nuoto, una corsa o un giro in bicicletta. Incoraggiati amorevolmente a superare il tuo record personale.

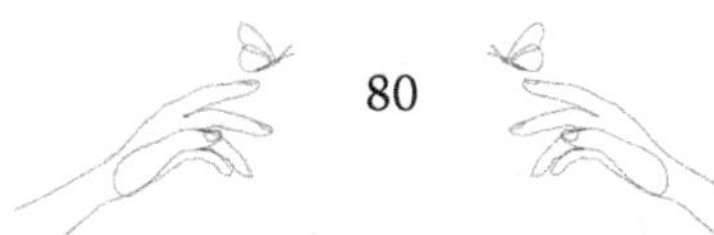

- Quando ti alleni e fai il plank, ad esempio, prova a cronometrarti e la prossima volta, cerca di tenere la posizione per trenta secondi in più.

- Se fai yoga, cerca una lezione più energetica online o nella tua zona, o dedica a questa attività un'ora in più a settimana.

- Se ami nuotare, cerca di farlo almeno cinque volte alla settimana.

- Se ti piace andare in mountain bike, trova un percorso nuovo e impegnativo.

Durante queste esperienze, esorta te stessa a raggiungere i tuoi obiettivi con affermazioni positive. Sebbene a volte possa essere stressante, è in realtà ciò che mette quel pepe in più alle nostre attività. Possiamo sempre migliorare!

## ESERCIZIO CREATIVO

Crea un piano per qualcosa in cui vuoi migliorare. Se si tratta di fitness, fai una lavagnetta che ti incoraggi ad andare avanti anche quando il gioco si fa duro. Puoi anche creare una mappa degli obiettivi per tenerne traccia man mano che li raggiungi (ad esempio, segna i tuoi tempi e i tuoi obiettivi per ogni esercizio).

Registra i tuoi successi e la tua crescita per vedere effettivamente i cambiamenti che avvengono nel tempo. Questo ti incoraggerà ad andare avanti, proprio come farebbe un coach.

## Conclusioni

Essere la tua coach ti dà la possibilità di cambiare la voce negativa nella tua testa e di esortarti con messaggi e consigli positivi.

# Capitolo quattordici

## Sii la tua stilista



I gusti sono soggettivi: così una determinata moda
può piacerti o meno, proprio come può capitare con
un'opera d'arte. È probabile che tu sia attratta da stili
in linea con la tua personalità e il tuo lifestyle. Ti piace
indossare leggings e scarpe da tennis? Probabilmente
sei una persona attiva. Ti piace andare nei negozi di
seconda mano per trovare oggetti vintage? È il tuo
cacciatore di tesori interiore che ti chiama. Sei attratta
dalle linee classiche? Potresti essere una persona più
raffinata.

Qualunque siano le tue preferenze, stai esprimendo te stessa, e questo è ciò che conta. Lo stile è un modo per mostrarti al mondo con i tuoi veri colori.

## METTILO IN PRATICA

Tutte abbiamo un outfit che ci piace o un vestito con cui ci sentiamo a nostro agio. Cosa ti fa sentire inarrestabile? Una gonna a tubino e tacchi a spillo o un vestitino estivo e dei sandali? Qualunque sia il tuo stile, fai shopping con l'obiettivo di trovare indumenti che ti facciano sentire bene. Scegli scarpe o accessori che migliorano il tuo look e ti danno una spinta di fiducia in più.

# ESERCIZIO CREATIVO

Disegna tre capi di abbigliamento che più esprimono la tua personalità. Usa i colori che preferisci. Tieni a mente i significati dietro questi colori e come possono migliorare il tuo benessere:

- Rosso – Passione ed energia
- Giallo – Gioia e ottimismo
- Arancione – Energia e stimolo
- Verde acqua – Pace e chiarezza
- Marrone – Stabilità e natura
- Grigio – Mistero e fluidità
- Blu – Fiducia e serenità
- Viola – Lusso e immaginazione
- Lavanda – Amore e grazia
- Rosa – Calore e giocosità
- Verde – Armonia e prosperità
- Nero – Forza e sofisticatezza
- Bianco – Speranza e semplicità

Inoltre, prova la sfida dell'armadio: dai un'occhiata ai vestiti che hai nell'armadio alla luce di queste nuove informazioni sul colore. Pensa quale immagine di te

vuoi mostrare al mondo a quanto ciò che possiedi riflette effettivamente chi sei. Fai del tuo meglio per sbarazzarti di almeno cinque cose che non riflettono te stessa in questo sistema di colori e significati e sostituiscile con capi che meglio ti rappresentano.

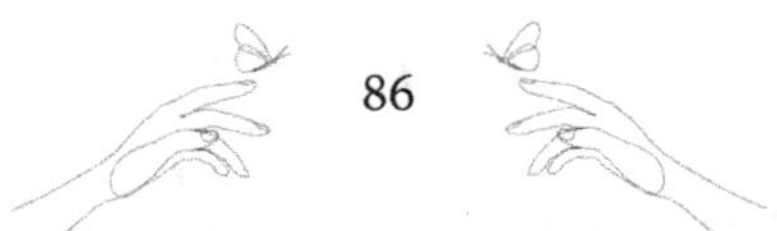

# Conclusioni

Vestiti per te e solo per te. Anche se non c'è niente di male a seguire la moda, pensa a ciò che davvero vuoi indossare, a ciò che ti fa sentire bene e a ciò che esprime chi sei realmente.

# Parte quarta: Ama il tuo spirito

# Capitolo quindici

## Sii la tua compagna di ballo

> Non cerco di ballare meglio di chiunque altro. Cerco solo di ballare meglio di me stessa.
> —*Arianna Huffington*

Danzare è tantissime cose. È esercizio, arte, espressione di sé, ed è semplicemente divertente. In salotto o in una sala da ballo, danzare migliora l'autostima, rafforza la fiducia nel proprio corpo e, quando si è in gruppo, aiuta a costruire connessioni sociali. Molte persone lo trovano un po' stressante, un po' come parlare in pubblico, perché hanno paura di esibirsi davanti agli altri oppure sono ansiosi di

fare tutti i passi giusti per essere considerati "buoni ballerini".

Ma ballare non significa necessariamente mostrarsi agli altri. È un'attività simile all'arte, ed è un modo incredibile di esprimersi senza paura del giudizio, specialmente quando si balla da soli. Ecco la mia sfida!

## METTILO IN PRATICA

Non preoccuparti, non serve conoscere mosse specifiche per ottenere benefici dal ballo. Utilizza un'app di musica gratuita o un sito web per trovare le giuste canzoni con cui creare una playlist da ballare.

Eccone alcune:

- "Roses" di SAINt JHN
- "Dancing Queen" degli ABBA
- "Stayin' Alive" dei the Bee Gees
- "Just Dance" di Lady Gaga

Sistema la casa, abbassa le luci e balla come se non ci fosse un domani. Puoi ballare qualsiasi cosa, dall'hip-hop alla danza del ventre; dalla danza africana al balletto classico.

Vuoi imparare qualche nuovo passo? Dai un'occhiata ai tutorial online o partecipa a una lezione di ballo nella tua zona. Mantieni la mente aperta: chissà, potresti innamorarti di qualcosa di inaspettato come la danza contemporanea. Lasciati andare e sentiti libera mentre segui il ritmo.

# ESERCIZIO CREATIVO

Avvia la tua playlist e disegna la prima cosa che ti viene in mente. Magari un paio di scarpe da ballo o forse un bicchiere di Martini. Potrebbe essere qualcosa di fantasioso. Qualunque cosa sia, lasciati ispirare, alzati e *balla*.

Prova a farlo una volta al giorno e poi rifletti su come ti senti dopo esserti espressa in quel modo. Sei più felice? Ti senti più sciolta, più rilassata? Fai ciò che ti fa sentire bene e magari poi aggiungi nuove canzoni alla tua playlist.

# Conclusioni

Integrare la danza nella tua vita aumenta la felicità generale e, ammettiamolo, è un ottimo allenamento fisico. Inizia a farlo ogni giorno e goditi la pratica interiore del lasciarti andare.

# Capitolo sedici

## Sii la tua estetista

> Quasi tutto riprenderà a funzionare se staccate la spina per qualche minuto, inclusi voi.
>
> —Anne Lamott

Le giornate alle terme sono sinonimo di cura di sé, e per una buona ragione. Sono momenti per coccolarsi dalla testa ai piedi e coltivare l'amore per sé stesse, alleviare lo stress e costruire la propria tranquillità. Sai cos'è la parte migliore? Non c'è bisogno di spendere tanti soldi per godere dei benefici di una spa. Puoi concederti una giornata di relax comodamente a casa tua. Non dovrai che preoccuparti di te stessa e del tuo benessere.

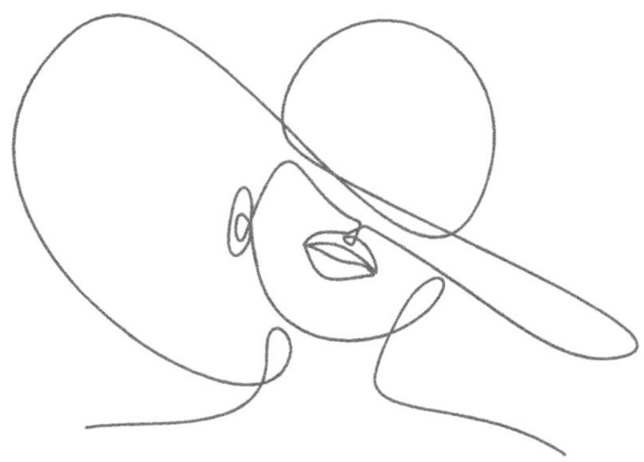

# Mettilo in Pratica

Concediti una giornata rilassante in casa da sola. Dai un'occhiata ad alcune di queste idee:

- Goditi un lungo e lussuoso bagno. Aggiungi un buon bagnoschiuma all'acqua, accendi una candela, porta con te una rivista o una canzone rilassante. Prima di uscire dalla vasca, lavati i capelli e applica un trattamento fai da te.

## Maschera per i capelli

- Un avocado maturo, schiacciato
- Una tazza di latte di cocco
- Un cucchiaio di miele e di olio d'oliva
- Due gocce di Tea Tree Oil

Mescola tutti gli ingredienti insieme. Applica la maschera sui capelli e lascia riposare per 10-15 minuti prima di risciacquare.

- Crea anche un trattamento viso idratante fai da te con due cucchiai di yogurt bianco, un cucchiaino di miele e una spruzzata di succo di limone. Continua poi con una crema idratante nutriente, uno scrub per le labbra a base di zucchero, miele e olio d'oliva e un siero per il viso.

- Metti lo smalto alle unghie, cura le sopracciglia e usa una crema idratante profumata. Rilassati per qualche ora in accappatoio. Questi piccoli atti di cura di sé hanno risultati incredibili.

## ESERCIZIO CREATIVO

Prova a farti un massaggio dalle dita dei piedi fino al cuoio capelluto. Senti la forza dei muscoli mentre ti impegni e ti connetti con te stessa. Questo significa coccolarsi al meglio.

# Conclusioni

Il rilassamento è essenziale per vivere al meglio la propria vita. Concediti il tempo e lo spazio per qualcosa di meraviglioso come una "giornata spa". Te lo meriti.

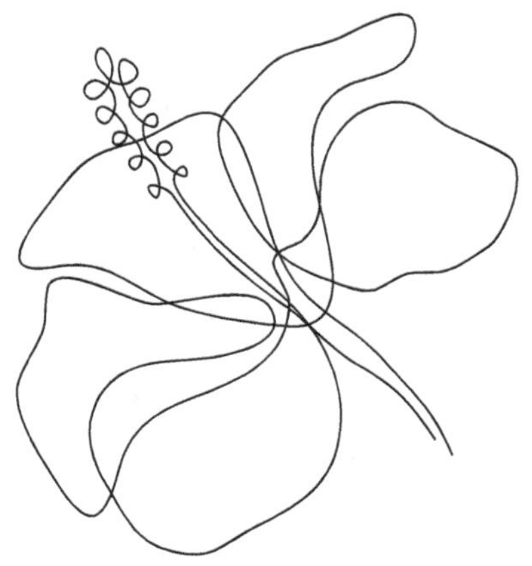

# Capitolo diciassette

## Sii la tua interior designer



Avere una stanza o uno spazio tutto per sé, anche se solo angolo del soggiorno, significa avere un posto dove pensare, rilassarsi, elaborare le proprie emozioni e sentirsi ispirate. Tutte noi abbiamo bisogno del nostro spazio, di un luogo dove possiamo essere semplicemente noi stesse, dove non c'è nessuno che ci giudica o ci minaccia, nessuno che ci dice cosa fare o ci dà compiti. Dovrebbe essere un posto dove puoi rifugiarti quando ti trovi ad affrontare i momenti difficili della vita.

Questo tuo spazio personale dovrebbe riflettere chi sei, cosa speri di realizzare e la vita che hai vissuto. Trascorrendovi del tempo, avrai modo di approfondire la tua autostima, fissare obiettivi e ripensare ai bei ricordi. È un posto dove imparare ad amarti ancora di più.

## METTILO IN PRATICA

Scegli uno spazio all'interno della casa che puoi definire tuo, anche se vivi da sola.

- Potrebbe essere un angolo del soggiorno, la toeletta nella camera da letto oppure un posto in giardino.

- Seleziona alcuni oggetti, come un cuscino, del colore che preferisci.

- Includi piccoli tocchi che stimolano il relax e la creatività, come candele, oli essenziali, rosari, qualunque cosa ti parli. Puoi acquistarne di nuovi o usare ciò che già hai.

- Includi oggetti significativi, come una statuetta che hai preso durante un viaggio o quella serie di fermalibri che hai ricevuto in regalo.

- Decora le pareti con opere d'arte, fotografie o citazioni che hanno un significato per te o evocano un ricordo meraviglioso.

- Completa il tutto con una pianta o una composizione floreale che ami per abbellire lo spazio e ricordare a te stessa il legame tra cura amorevole e crescita.

Hai bisogno di altre idee? Dai un'occhiata ad alcuni blog di decorazione o siti web per suggerimenti su come abbellire piccoli spazi. L'obiettivo è quello di creare una sorta di santuario dove lasciarsi andare, ricaricarsi, prendere l'ispirazione o semplicemente essere sé stesse.

## ESERCIZIO CREATIVO

Disegna il tuo soggiorno, camera da letto, bagno o cucina ideale. Concentrati sui dettagli, dalle piante ai ricordi, che lo renderanno completamente tuo. Usa colori che sono in sintonia con te. Aggiungi ogni nuova ispirazione che ricevi.

## Conclusioni

Joseph Campbell lo definì un luogo di "incubazione umana". Per Virginia Woolf era una "stanza tutta per sé". Puoi chiamarlo il tuo "rifugio". Qualunque sia il nome, il tuo spazio è quel posto dove rifugiarsi per essere sé stesse.

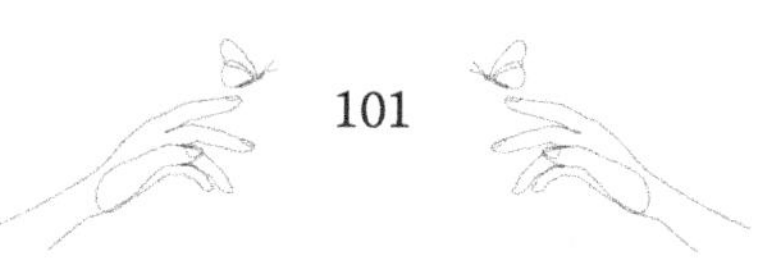

# Capitolo diciotto

## Sii la tua fonte di speranza

> Speranza e paura non possono occupare lo stesso spazio. Invitane uno a rimanere.
> —*Maya Angelou*

Cedere alla paura può essere una normale reazione umana, ma sconfiggerla quella paura è possibile. Amici, familiari e mentori possano darti speranza, ma sei tu a dover sempre mantenere viva la fede nel tuo cuore.

La speranza, come l'amore, è così speciale da aver ispirato tanti musicisti, artisti e scrittori. È un'emozione umana così potente e può

letteralmente trasformare una brutta situazione in qualcosa di piacevole, mostrandoci la luce in fondo al tunnel.

Speranza e la pazienza ci permettono di uscire da una situazione difficile, in quanto ci danno sicurezza e nutrono la nostra immaginazione.
Sono un modo per mantenere una luce accesa anche se tutto intorno sembra essere buio. E tutto questo può venire da dentro di *te*.

## METTILO IN PRATICA

Guarda indietro alla tua vita e pensa a tre momenti specifici in cui la speranza ti ha aiutata. Magari ti è servita per superare un problema in una relazione importante, ti ha dato la resilienza durante un momento di dolore o fede nel fatto che anche le cose peggiori prima o poi finiscono. Descrivi liberamente sul tuo diario quei momenti e come ti hanno rafforzata.

Quando le cose iniziano ad andare male, è importante avere un punto di riferimento! Usa quanto scritto nel diario per ricordarti di quanto sei stata forte e che ce l'hai fatta.

## ESERCIZIO CREATIVO

Seleziona un'immagine che ti da sempre speranza. Non aver paura di ripiegare su quelle classiche come un fiore, il simbolo della pace, dell'infinito o un fiore di loto. Aggiungi al disegno parole che ti incoraggiano. Potresti creare un disegno da incorniciare e appendere per ricordarti sempre di continuare a sperare.

## Conclusioni

Trovare la speranza dentro di sé promuove lo sviluppo della resilienza e dell'indipendenza. È così che trovi la luce nei momenti difficili. La speranza è come un faro che non smette mai di splendere.

# Capitolo diciannove

## Sii la tua voce della ragione

> Una donna forte capisce che i doni come la logica, la risolutezza e la forza sono femminili tanto quanto l'intuizione e la connessione emotiva.
> —*Nancy Rathburn*

È stato dimostrato che mirare alla felicità perpetua non è solo irrealistico, ma anche pericoloso. Se ti sforzi di vedere il lato positivo per evitare la verità o ti affidi a una falsa felicità, ti impedisci di elaborare le emozioni e di sperimentare una vera crescita. Ciò si traduce in un accumulo di dolore che può portare a perdere il controllo della propria vita.

Succede anche il contrario. Se ti aggrappi a pensieri ed emozioni cupi, non potrai mai essere felice.

Una soluzione per trovare l'equilibrio tra questi due estremi è rivolgersi alla logica e alla ragione quando si ha a che fare con emozioni angoscianti e pensieri negativi. Conosciuta anche come *riformulazione cognitiva*, questa pratica ti sfida a vedere la situazione da una prospettiva più razionale. Alcune persone chiamano tale pratica "cambiare l'obiettivo".

Mediante il tuo nuovo obiettivo, puoi evitare di cadere nella vergogna, nel senso di colpa, nella rabbia, nel rimpianto e nel dolore e avvicinarti a un punto più sicuro e stabile.

## METTILO IN PRATICA

Quando ti trovi di fronte a un pensiero scomodo o a un'emozione angosciante, allontanati dalla tua mente e considera le tue idee e i tuoi sentimenti da una prospettiva più oggettiva.

- Come ti fa sentire questa linea di pensiero?

  ........................................................................................

  ........................................................................................

- Come ti senti riguardo a questi pensieri in generale?

  ........................................................................................

  ........................................................................................

- Scrivi la tua risposta, poi prova l'approccio chiamato "camminare intorno". Annota altre tre possibili prospettive sulla situazione. In che altro modo potresti considerare questo problema? In che modo vedrebbe qualcuno accanto a te, dietro di te, o che osserva da lontano?

  ........................................................................................

  ........................................................................................

- Poi, pratica ciò che Patanjali nei *Sutra dello Yoga* ha chiamato "prati-paksha-bhavana", ossia coltiva il pensiero opposto. Ad esempio, se commetti un errore al lavoro, riformulalo come un'opportunità. Ora, come ti racconteresti questa storia? Scrivilo e poi leggilo ad alta voce a te stessa.

......................................................................

......................................................................

## ESERCIZIO CREATIVO

Con penne o matite colorate, crea un arcobaleno che inizia con l'emozione più intensa e il colore corrispondente. Il rosso, per esempio, per rappresentare la rabbia. Usa tonalità più chiare per arrivare allo stato emotivo in cui vorresti essere.

Ecco alcune idee:

- Il rosso attira sensazioni di eccitazione e forza
- Il blu evoca sensazioni di competenza
- Il rosa incoraggia comportamenti più dolci e gentili

- Il viola risveglia ambizione e spiritualità
- L'arancione supporta la fiducia

## Conclusioni

Evita la trappola della negatività osservando i tuoi pensieri e le tue emozioni da un punto di vista più razionale. Abbiamo tutti bisogno della voce della ragione di tanto in tanto. Sii te stessa e impara a trovare nuove prospettive quando affronti una situazione difficile.

# Capitolo venti

## Sii la tua ammiratrice

> "Conoscere ciò che ammiri negli altri è uno specchio meraviglioso nel tuo sé più profondo, ancora non nato.
>
> —*Gretchen Rubin*"

Siamo abituate ad ammirare gli altri. Ogni volta che incontriamo qualcuno con una grande abilità o una personalità meravigliosa, lo ammiriamo. Può essere davvero facile trasformare quell'ammirazione in gelosia o paragonarci ad altre persone. A volte, ammirare gli altri può aiutarti a vivere all'altezza del tuo potenziale, che, tra l'altro, è infinito. Ogni volta che ti fermi ad apprezzare te stessa, rinforzi i comportamenti sani e la fiducia in te stessa.

L'ammirazione di sé allontana quella fastidiosa insoddisfazione che deriva da un confronto eccessivo.

A volte tuttavia può essere vista in modo negativo: agli occhi di alcune persone, specialmente quelle con problemi di autostima, potresti apparire arrogante. Ma non è affatto così! Certo, a volte c'è chi esagera, ma molto spesso ci dimentichiamo di provare ammirazione per noi stesse.

Come hai intenzione di realizzare i tuoi sogni, avere relazioni meravigliose e ottenere ciò che vuoi dalla vita, se prima non ami te stessa e non riconosci ciò che hai da offrire? Abbiamo tutte qualcosa di unico, ma se non sai da dove cominciare, scegli qualcosa di piccolo. Ad esempio, potresti essere brava a pulire la cucina o a ricordarti sempre di fare gli auguri di compleanno agli amici. Piccoli complimenti quotidiani come questi sono un ottimo modo per iniziare ad essere gentile con te stessa.

# METTILO IN PRATICA

Comportati come farebbe un ammiratore segreto. Comprati un mazzo di fiori o fai un altro gesto di ammirazione verso te stessa. Fai una passeggiata, comprati un gelato o dei cioccolatini.

Invia a te stessa un messaggio congratulandoti per il lavoro ben fatto, un post-it su un problema che hai superato brillantemente o su una tua qualità che ammiri. Tienilo dove puoi vederlo spesso, che si tratti del cassetto della biancheria intima o sul comodino.

Ringrazia te stessa per essere come sei.

# ESERCIZIO CREATIVO

Seleziona tre aggettivi per descrivere le tue qualità più importanti, poi disegnaci alcune immagini accanto. Cosa provi per queste qualità? Comincia a guardarti con occhi nuovi: gli occhi di un ammiratore.

# Conclusioni

L'ammirazione non è una cosa negativa. Si tratta di prendersi il tempo di pensare a ciò che possiamo offrire al mondo! Perché tutti hanno qualcosa da offrire. Non lasciare che qualcuno ti impedisca di apprezzare chi sei.

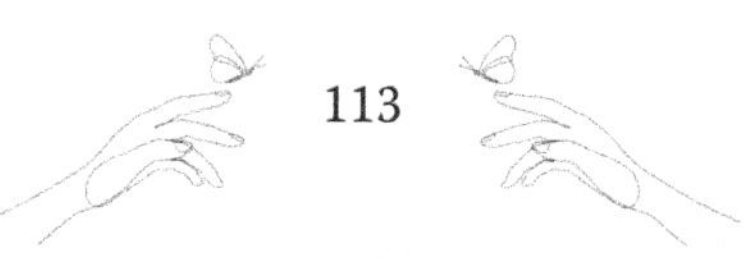

# Conclusione

C'è tanta bellezza e libertà nell'essere sé stesse. So che il mondo cerca di raccontarci una storia diversa, di farci guardare in un certo modo, agire in un certo modo o avere determinate abilità per essere considerate persone preziose. Il mondo ci trasmette quei messaggi in continuazione, quindi può essere molto facile crederci.

Ma questo libro mira a dati una nuova prospettiva su ciò che sei e hai da offrire al mondo. Devi riuscire a ignorare quel bombardamento di messaggi ad omologarti e puoi farlo sviluppando il potere dell'amore verso te stessa.

Tu sei tu, una persona unica con abilità e caratteristiche uniche. Perché non sfrutti quelle particolarità sviluppando ogni giorno la fiducia in te stessa?

Amati e impara di più su te stessa, diventando:

- la tua musa
- colei che ti ascolta
- il tuo genitore saggio e amorevole
- il tuo appuntamento
- la tua chef personale
- la tua amante
- la tua fonte di luce
- la cocca della maestra
- la tua tuttofare
- il tuo gestore finanziario
- la tua booking agent
- il tuo supporto
- la tua coach
- la tua stilista
- la tua compagna di ballo
- la tua estetista
- la tua interior designer
- la tua fonte di speranza
- la tua voce della ragione
- la tua ammiratrice

Anche se alcuni di questi ruoli possono interessarti meno, puoi comunque imparare moltissimo su te stessa rivestendoli tutti. In questo modo, comprenderai sia le tue debolezze che i tuoi punti di forza e potrai creare una vita più appagante e felice. Ma ricordati di amarti sempre. Non c'è nessun altro come te su questo pianeta e questa consapevolezza è meravigliosa.

# Contenuti Bonus

## I NOSTRI REGALI PER TE

Iscriviti alla nostra Newsletter e ricevi queste risorse gratuite

www.specialartbooks.com/free-materials/

## Seguici su:

Instagram: @specialart_books

Pagina Facebook : Special Art Books

Sito Web: www.specialartbooks.com

# Impressum

Per domande, feedback e suggerimenti:

support@specialartbooks.com

Nina Madsen, Special Art

Copyright © 2023

www.specialartbooks.com

Immagini © Shutterstock